DAS JEMENCHAMÄLEON
CHAMAELEO CALYPTRATUS

Carsten Schneider

Das Jemenchamäleon

Jemenchamäleons sind faszinierende Pfleglinge. Foto: S. Krampe

Inhalt

Vorwort 4
Verbreitung und Lebensraum 6
Systematik und Entwicklungsgeschichte 8
Beschreibung 8
Verhalten 12
Artenschutz 14
Anschaffung 16
Terrarienhaltung 20
Freie Zimmerhaltung 24
Freilandhaltung 26
Ernährung 28
Feuchtigkeit und Trinkwasser 30
Balz- und Paarungsverhalten 32
Trächtigkeit, Eiablage, Zeitigung und Schlupf 34
Aufzucht der Jungen und Probleme 42
Krankheiten und Therapiemöglichkeiten 46
    ▪ Infektionen und Parasiten 50
    ▪ Häutungsprobleme 52
    ▪ Hauterkrankungen 53
    ▪ Rachitis 53
    ▪ Legenot 55
    ▪ Eiproduktionsstörung 56
    ▪ Darmerkrankungen mit Durchfall 56
    ▪ Verstopfung 57
    ▪ Gicht 57
    ▪ Leberverfettung 57
Danksagung 58
Weitere Informationen 60
Weiterführende und verwendete Literatur 62

Bildnachweis
Titelbild: Männchen Foto: L. Barkam
Kleines Bild: Jungtier Foto: M. Schmidt
Seite 1: Jemenchamäleon beim Zungenschuss Foto: S. Krampe

Die in diesem Buch enthaltenen Angaben, Ergebnisse, Dosierungsanleitungen etc. wurden vom Autor nach bestem Wissen erstellt und sorgfältig überprüft. Da inhaltliche Fehler trotzdem nicht völlig auszuschließen sind, erfolgen diese Angaben ohne jegliche Verpflichtung des Verlages oder des Autors. Beide übernehmen daher keine Haftung für etwaige inhaltliche Unrichtigkeiten.
Alle Rechte, insbesondere das Recht der Vervielfältigung und Verbreitung sowie der Übersetzung, vorbehalten. Kein Teil des Werkes darf in irgendeiner Form (Druck, Fotokopie, Mikrofilm oder andere Verfahren) ohne schriftliche Genehmigung des Verlages reproduziert oder unter Verwendung elektronischer Systeme verarbeitet, gespeichert oder vervielfältigt werden.

ISBN 978-3-937285-85-6   8., aktualisierte Auflage 2021

© 2007 Natur und Tier - Verlag GmbH
An der Kleimannbrücke 39/41
48157 Münster
www.ms-verlag.de

Geschäftsführung: Matthias Schmidt
Lektorat: Kriton Kunz & Heiko Werning, mit Dank an Nicolá Lutzmann
Layout: Barbara Schmücker
Druck: Pario Print, Krakau

Vorwort

DAS Chamäleon hat den Menschen schon immer fasziniert und sofort in seinen Bann gezogen. Durch sein Wechselspiel der Farben, die sich getrennt voneinander bewegenden Augen und die einmalige Schleuderzunge animiert es den Reptilienliebhaber, aber auch Laien häufig zu Spontankäufen, was häufig böse endet. Unter Berücksichtigung einiger Parameter hat sich jedoch insbesondere das Jemenchamäleon als robustes Terrarientier erwiesen, zumal es sich wie in der Natur unterschiedlichen klimatischen Verhältnissen in einer gewissen Spannbreite anpasst. Mittlerweile wird das Jemenchamäleon recht häufig auf Börsen, von Züchtern und selbst in gut sortierten Zoohandlungen angeboten und in unseren Terrarien mit Erfolg gepflegt. Wie ich aber aus eigener Erfahrung und von diversen um Rat fragenden Terrarianern weiß, kommt es insbesondere bei der Eiablage, der Zeitigung, der Aufzucht der Nachzuchten sowie der Erkennung und Behandlung von Krankheiten noch häufig zu Problemen.

Eine interessante, terrarienfreie Haltungs-

Vorwort

form bietet die beim Jemenchamäleon mögliche freie Zimmerhaltung, und selbst die temporäre Freilandhaltung ist möglich. Auch wenn schon relativ viel Literatur über *Chamaeleo calyptratus* auf dem Markt ist, hoffe ich mit z. T. neuen Beobachtungen und meinen Erfahrungen aus 20-jähriger Terrarienhaltung weitere Anregungen zur Lösung der vielen noch ungeklärten Probleme geben zu können.

Daher konzentriert sich dieses „Art für Art"-Buch hauptsächlich auf die Probleme bei der Paarung, der Eiablage, der Zeitigung, der Aufzucht der Jungtiere sowie die Erkennung und Therapie von Krankheiten, während andere Themen bewusst kurz abgehandelt werden.

*Carsten Schneider,
Achterwehr*

Eines der beliebtesten Terrarientiere: das Jemenchamäleon
Foto: S. Krampe

Verbreitung und Lebensraum

DAS Verbreitungsgebiet des Jemenchamäleons ist die südliche Arabische Halbinsel, von der Asir-Provinz Saudi-Arabiens bis nach Aden im Jemen.

In Teilen Floridas wurde es bewusst ausgewildert und hat sich dort mittlerweile etabliert (LOVE 2003; KRYSKO et al. 2004). Außerdem wurde es in stabilen, noch lokalen Populationen auf Maui/Hawaii (MASUOKA 2002) beobachtet. Diese haben sich von 2002–2004 erheblich vermehrt und gelten als Bedrohung für die heimische Fauna. Da die Chamäleons ideale Lebensbedingungen vorfinden und keine Feinde zu fürchten haben, ist sogar mit einer weiteren Ausbreitung zu rechnen. Aufgrund des dort bestehenden dichten Regenwaldes lässt sich das auch durch groß angelegte Absammelaktionen kaum noch verhindern (HURLEY 2004). Mit weiteren Vorkommen durch ausgesetzte Tiere ist bei geeigneten Lebensbedingungen sicherlich zu rechnen.

Chamaeleo calyptratus kommt in den unterschiedlichsten Habitaten vor (NECAS 1999; SCHMIDT 1999). Die Lebensräume liegen in Höhen zwischen 500 und 2.800 m ü. NN sowohl in feuchtwarmen Gebieten mit häufigen Regenzeiten als auch in trockenen Gebieten mit Nachtfrost. Entsprechend unterschiedlich sind Luftfeuchtigkeit und Temperatur. Auffällig ist eine Tag-Nacht-Schwankung von z. B. im Sommer tagsüber 35 °C und nachts 20 °C. Die Tiere halten sich auf dem Boden, in Maisfeldern, in Gebüschen und auch hoch in den Bäumen auf, meist jedoch tagsüber in 1–3 m Höhe und nachts zum Schlafen an den Spitzen der höchsten Äste. Die Vegetationsform reicht von üppigen Bergwäldern bis zur kargen Hochebene mit wenig Bewuchs.

Jemenchamäleon im natürlichen Lebensraum Foto: R. Nagel

Verbreitung und Lebensraum

Zwei verschiedene Biotope im Jemen: Bergwald ...

... und bewirtschaftetes Areal Fotos: R. Nagel

Systematik und Entwicklungsgeschichte

DIE Familie der Chamäleons (Chamaeleonidae) zählt innerhalb der Klasse der Kriechtiere (Reptilia) zur Ordnung der Schuppenkriechtiere (Squamata) und hier zur Unterordnung der Echsen (Sauria). Zusammen mit den beiden Familien der Leguane und der Agamen gehört sie zur Zwischenordnung der Iguania.

Nach der Erstbeschreibung durch DUMERIL & DUMERIL (1851) wurde das Jemenchamäleon in die Gattung *Chamaeleo* gestellt und auch seither dort belassen. Es wird auch zur Untergattung *Chamaeleo* gerechnet, der vollständige Name lautet also *Chamaeleo (Chamaeleo) calyptratus*.

Auch wenn sich die Populationen aus den unterschiedlichen Gebieten im Jemen und in Saudi-Ara-

Beschreibung

CHAMaeleo *calyptratus* gehört zu den großen Chamäleonarten. Die Männchen werden im natürlichen Habitat über 60 cm lang und ca. 6–7 Jahre alt. Im Terrarium bleiben sie mit 50 cm etwas kleiner. Die Weibchen sind mit etwa 30 cm deutlich kleiner und leben bei mehreren Eiablagen nur ca. 3 Jahre. Von der Gesamtlänge fällt die Hälfte jeweils auf den Schwanz.

Das für Chamäleons sprichwörtliche Farbwechselvermögen ist auch beim Jemenchamäleon hervorragend ausgebildet.
Foto: C. Schneider

Beschreibung

bien optisch voneinander z. T. deutlich unterscheiden, handelt es sich nach bisherigem Kenntnisstand nicht um verschiedene Unterarten. Außerdem leben in der Region um Asir/Saudi-Arabien fruchtbare Bastarde *Ch. calyptratus* x *Ch. arabicus*, die 1870 von PETERS fälschlich als Unterart *Ch. calyptratus calcarifer* beschrieben wurden (NECAS 1999).

> **WUSSTEN SIE SCHON?**
> Nach KLAVER & BÖHME (1986) wird die Familie der Chamäleons in zwei Unterfamilien geteilt:
> • Echte Chamäleons (*Chamaeleoninae*) mit den vier Gattungen: *Bradypodion*, *Calumma*, *Chamaeleo* (mit den zwei Untergattungen *Chamaeleo* und *Trioceros*) sowie *Furcifer*
> • Erd- oder Stummelschwanzchamäleons (*Brookesiinae*) mit den zwei Gattungen: *Brookesia* sowie *Rhampholeon*

Die Männchen tragen einen imposanten, bis zu 8 cm hohen Helm auf dem Kopf. Bei den Weibchen ist der Helm nur angedeutet sichtbar, wobei allerdings individuelle Unterschiede bestehen. Daran schließt sich ein Rückenkamm bis auf die Schwanzspitze an. Die Kehle weist ebenfalls einen Kamm auf, der als Bauchkamm bis zur Kloake weiterzieht. Der Körper ist mit Schuppen bedeckt, die in den verschiedenen Körperregionen unterschiedliche Größen haben. Da die oberste Hautschicht verhornt ist und nicht mitwachsen kann, häuten sich die Tiere in unregelmäßigen Abständen in mehreren kleinen Fetzen.

Dieser Vorgang kann 1–3 Tage dauern und wird von den Tieren aktiv durch Scheuern an Ästen unterstützt.

Die Körperform ist perfekt an die baumbewohnende Lebensweise angepasst. Durch die Hilfe verschiedener Rumpfmuskeln und der Lungensäcke ist es *Ch. calyptratus* möglich, seinen Körper in „Blattform" zu bringen. Hierbei wird er sehr hoch und schmal aufgestellt, sodass große Männchen fast aussehen wie eine große Frisbee-Scheibe. Diese spezielle Körperform hilft bei der Balz, beim Drohen, beim Verstecken hinter dünnen Stämmen und beim optimalen Ausnutzen

Beschreibung

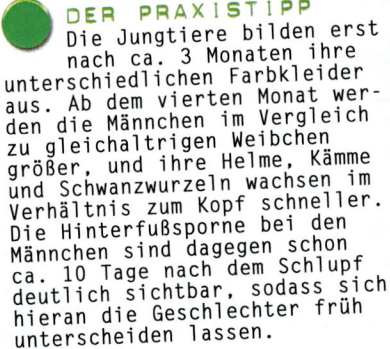

DER PRAXISTIPP
Die Jungtiere bilden erst nach ca. 3 Monaten ihre unterschiedlichen Farbkleider aus. Ab dem vierten Monat werden die Männchen im Vergleich zu gleichaltrigen Weibchen größer, und ihre Helme, Kämme und Schwanzwurzeln wachsen im Verhältnis zum Kopf schneller. Die Hinterfußsporne bei den Männchen sind dagegen schon ca. 10 Tage nach dem Schlupf deutlich sichtbar, sodass sich hieran die Geschlechter früh unterscheiden lassen.

der Sonnenstrahlen zum Aufwärmen.

Jemenchamäleons besitzen Greiffüße, bei denen zwei und drei der fünf Finger zusammengewachsen sind; vorne finden sich außen zwei und innen drei Zehen – hinten genau umgekehrt. Hiermit können sie sich auch im schaukelnden Geäst sicher bewegen. Dabei hilft ihnen als „fünfter Fuß" der weder abwerfbare noch regenerierbare Greifschwanz.

Das Jemenchamäleon verfügt über eine breite Farbskala (weiß, schwarz, grau, braun, grün, gelb und orange). Die Grundfärbung des Männchens ist ein helles Gelbgrün, unterbrochen von mehreren gelben Querbinden und braunen Flecken auf dunkelgrünem Grund. Die Weibchen zeigen eine grasgrüne Grundfärbung mit kleinen weißen Streifen und braunen Flecken. Die spektakulärsten Farbkombinationen (grelle gelbe und türkis Streifen mit Punkten) zeigen die Männchen während der Balz, wenn sie ein Weibchen oder einen männlichen Rivalen erblicken. Das Weibchen zeigt sein schönstes Farbenkleid (türkis und gelborange Flecken auf schwarzem Untergrund) als Abwehrreaktion bei Sichtung eines Männchens bzw. im bereits trächtigen Zustand.

Farbwechsel entstehen bei Stimmungsschwankungen. Sie dienen vorrangig der innerartlichen Kommunikation und nur untergeordnet der Anpassung an die Umgebung, wobei die Chamäleons in ihrer Grundfärbung (neutrale Stimmung) gut in das Habitat „passen".

Die hochspezialisierten Augen können unabhängig voneinander bewegt werden und suchen unermüdlich die Umgebung nach Artgenossen, Feinden oder Beute ab. Die Chamäleons können, ohne ihren Kopf zu bewegen, einen Blickwinkel von fast 360 Grad überblicken. Erst zum Scharfstellen, z. B. kurz vor dem Zungenschuss, fokussieren beide Augen dasselbe Objekt.

Gehör und Geruchssinn haben sich im Verlauf der Evolution weit

Beschreibung

zurückgebildet. Bei Vorhandensein des Jacobsonschen Organs müssen ein nicht sehr differenzierter Geruchs- und Geschmackssinn aber trotzdem vorhanden sein (NECAS 1999).

Bis auf ein Fauchen, Zischen und leises Quietschen bei Bedrohung sind Jemenchamäleons zu keiner Lautäußerung fähig.

Immer wieder imposant ist der Schleuderzungenmechanismus, mit dem die Beute in Bruchteilen einer Sekunde ins Maul befördert wird. Hierbei wird sie vom keulenförmigen Zungenende umklammert und zusätzlich von einem klebrigen Sekret gehalten. Der gesamte komplexe Zungenschuss läuft in fünf Phasen ab und erreicht eine erstaunliche Schussweite von etwa der Gesamtlänge des jeweiligen Tieres. Das Jemenchamäleon ist aber auch in der Lage, ohne Zungenschuss Obst oder Beutetiere in seiner Nähe mit dem Maul direkt zu packen.

Der Geschlechtsdimorphismus (äußerliche Unterschiede der Geschlechter) ist bei adulten Tieren sehr deutlich ausgebildet. Neben den unterschiedlichen Farbpaletten sind die Männchen viel größer, tragen höhere Helme und Kämme, besitzen eine verdickte Schwanzwurzel und Sporne auf dem Hinterfuß.

Bei der Haltung von Jemenchamäleons gilt es, bestimmten gesetzlichen Bestimmungen nachzukommen. Foto: B. Trapp

Verhalten

DAS Jemenchamäleon ist ein tagaktiver und gegenüber Artgenossen unverträglicher Einzelgänger. Als wechselwarmer Vertreter benötigt es nach seiner Nachtruhe ein ausgiebiges Sonnenbad. Hierbei nimmt das Chamäleon eine dunkle Farbe an und reckt sich mit größtmöglicher Körperoberfläche dem Spotstrahler bzw. der Sonne entgegen. Hat es seine Vorzugstemperatur (25–28 °C) erreicht, geht es auf Nahrungssuche. Steigen die Temperaturen gegen Mittag über 35 °C, zieht es sich in den Schatten zurück und trägt hellere Farben. Wie auch von anderen Reptilien bekannt, sind Jemenchamäleons in der Lage, sich durch „Hecheln" etwas abzukühlen.

Bei starkem Hunger gehen die Tiere zwar auch aktiv auf Nahrungssuche, aber meist lauern sie als „sit and wait"-Jäger (Ansitzjäger) versteckt auf mögliche Beute. Begegnet das Jemenchamäleon einem Artgenossen, führt es kurze Nickbewegungen aus und wartet auf dessen Reaktion (Veränderung der Körperform, Färbung). Wenn das Gegenüber erkannt und eingeschätzt ist (Artzugehörigkeit, Geschlecht, Stimmung), erfolgt die Gegenreaktion.

Treffen z. B. zwei Männchen aufeinander, präsentieren beide schon von weitem ein buntes Farbkleid und zeigen sich gegenseitig ihre vergrößerten Flanken, bis einer (meist der Reviereindringling oder das unterlegene Tier) das Weite sucht. Begegnen sich gleich starke Tiere, kommt es zu einem Kommentkampf nach festen Regeln:

Die Kontrahenten gehen intensiv gefärbt und mit größtmöglicher Flankenpräsentation langsam aufeinander zu und öffnen fauchend ihre Mäuler. Sollte das nicht zur Aufgabe eines Gegners ausreichen, kommt es zu heftigen Helmstößen und Beißereien, bis der Unterlegene mit abgedunkeltem Farbkleid das Weite sucht. Schwerere Verletzungen kommen hierbei nur selten vor.

> **WUSSTEN SIE SCHON?**
> Ein dem Kommentkampf ähnliches Verhalten zeigen Jemenchamäleons manchmal auch dem Menschen gegenüber. So habe ich schon beobachtet, dass mein Männchen ganz nervös wie auf einen Kontrahenten reagiert, wenn z. B. meine Frau ein rosa T-Shirt trägt. Auch konnte ich gelegentlich ein Kopfnicken bzw. Körperzittern als Reaktion auf das Erblicken eines Menschen beobachten.

Verhalten

Typische Drohhaltung Foto: B. Trapp

Allgemein sind die Männchen schon als Jungtiere aggressiver und scheuer als die Weibchen. Aber dies kann individuell sehr unterschiedlich sein. So gibt es in beiden Geschlechtern, auch aus derselben Nachzuchtgeneration, sehr zahme, fast aufdringliche, aber auch sehr scheue Tiere, die sich schon bei Sichtkontakt zum Pfleger verstecken. Wildfänge sind schlechter an Menschen zu gewöhnen, und jeder Kontakt führt bei ihnen zu Stress.
Nachts schlafen die Adulti meist auf demselben höchsten, aber noch bequemen Ast im Terrarium. Die Jungtiere bevorzugen die obersten Blätter und feinen Astenden zum Schlafen.

> **WUSSTEN SIE SCHON?**
> Es wurde beobachtet, dass die „Massenhaltung" (also die gemeinsame Haltung in großen Stückzahlen) von Nachzuchten über Monate zu einem abnorm scheuen Verhalten bei den Männchen führte, die dann dem Pfleger gegenüber unterwürfig oder scheu sind und sich bei der Paarung sogar vor dem Weibchen fürchten.

Artenschutz

DAS Jemenchamäleon steht wie alle Chamäleons (mit Ausnahme der Gattung *Rhampholeon*) nach der EU-Artenschutzverordnung unter Artenschutz. Im Washingtoner Artenschutzabkommen wird es in Anhang II (mittelgradige Schutzbedürftigkeit) aufgeführt, was im EU-Artenschutzgesetz zu einer

Artenschutz

Aufnahme in Anhang B führt. Es besteht zwar innerhalb der EU keine CITES-Bescheinigung-Pflicht mehr, aber eine Meldepflicht bei der im jeweiligen Bundesland zuständigen Behörde innerhalb von vier Wochen nach der Anschaffung. Auf Verlangen muss z. B. der Unteren Naturschutzbehörde ein entsprechender Herkunftsnachweis (Kaufvertrag, Nachzuchtbescheinigung) mit Name und Adresse des Verkäufers vorgelegt werden können. Beim Erwerb eines Jemenchamäleons sollte also darauf geachtet werden, dass man die nötige Herkunftsbescheinigung erhält. Die übliche Handhabung bei eigenen Nachzuchten oder häufig wechselten Populationen sollte mit dem zuständigen Sachbearbeiter individuell besprochen werden; sie variiert stark von Bundesland zu Bundesland und sogar innerhalb eines Bundeslandes.

Die aktuellen Rechtsvorschriften (EU-Artenschutzrecht mit Anhang A–D vom 1.7.1997) über Kauf, Besitz, Zucht, kommerzielle Nutzung, Ein- und Ausfuhr kann man beim Bundesanzeiger-Verlag GmbH, Postfach 1320 in 53003 Bonn beziehen. Weitere Informationen sind über die DGHT und ihre Internet-Homepage einsehbar (s. „Weitere Informationen"). Zwar noch nicht Pflicht, aber sinnvoll ist das Ablegen des Sachkundenachweises Terraristik, der von der DGHT angeboten wird. Hierdurch wird immerhin bestätigt, dass sein Inhaber sich wenigstens theoretisch mit dem Thema Terraristik auseinander gesetzt hat.

Jemenchamäleons stehen auf Anhang II des Washingtoner Artenschutzabkommens.
Foto: M. Schmidt

Anschaffung

VOR der Anschaffung eines Jemenchamäleons sollte sich jeder Interessent entsprechende Literatur besorgen (was zur Einführung mit diesem Buch schon mal geschehen ist) und möglichst Kontakt zu einem erfahrenen Chamäleonhalter suchen. Da es heute kein Problem mehr darstellt, gesunde Nachzuchten jeden Alters aus Züchterhand zu erwerben, sollte von Wildfängen aus verschiedenen Gründen Abstand genommen werden. Der Erwerb aus Züchterhand hat den Vorteil, dass man wichtige Tipps zur Haltung und Pflege sowie Informationen über individuelle Eigenarten oder Vorlieben des erstandenen Tieres aus erster Hand erhält. Auch das genaue Alter einer Nachzucht ist somit bekannt. Abgabebereite Züchter findet man auf Börsen, im Internet (z. B. www.reptilia.de oder im Mitgliederbereich der DGHT unter www.dght.de) oder direkt über die AG Chamäleons in der DGHT (Adresse siehe Kapitel „Weitere Informationen").

Aber auch Zoohandlungen mit einer großer Terraristikabteilung oder reine Terraristikhandlungen verkaufen mittlerweile wohl aus-

Beim Züchter kann man sich auch die Elterntiere und deren Haltung ansehen. Foto: B. Trapp

Anschaffung

schließlich Nachzuchten des Jemenchamäleons. Außerdem gibt es auf den mittlerweile fast wöchentlich stattfindenden Terraristik-Börsen Gelegenheit, Nachzuchten zu erwerben.

Der Gesundheitszustand eines Tieres lässt sich von einem erfahrenen Chamäleonhalter durch genaues Beobachten und Untersuchen meistens leicht beurteilen. Das Chamäleon sollte tagsüber aktiv sein und nicht schlafen. Die Augen müssen prall aus den Augenhöhlen herausstehen, und die Haut darf nicht faltig vom Körper hängen oder noch von Hautresten bedeckt sein. Der Schwanz sollte nicht verkrüppelt sein oder nur aus Haut und Knochen bestehen. Besonders an den Beinen sieht man einen Vitaminmangel oder andere Stoffwechselerkrankungen (z. B. Rachitis) sehr gut. Dann sind die Gelenke verdickt und die Extremitäten deformiert. Damit können sich die Tiere auf Kletterästen nur ungeschickt fortbewegen oder sitzen am Boden. Das Maul sollte hart, nicht verformt oder entzündet sein. Außerdem dürfen keine Becken- oder Rippenknochen zu sehen sein. Verletzungen, Verbrennungen und Knochenbrüche sind natürlich leicht auszumachen. Auch

> **DER PRAXISTIPP**
> Wildfänge sind durch die schlechte Haltung nach der Naturentnahme und den Transport oft geschwächt. Außerdem ist bei ihnen von Parasitenbefall oder häufigen früheren Trächtigkeiten auszugehen. Bei wildgefangenen Chamäleons sollte man daher immer eine Kotprobe zur Untersuchung auf Parasitenbefall einschicken und ggf. das Tier durch einen Veterinär behandeln lassen (siehe Kapitel „Weitere Informationen"). Wildfänge sind häufig sehr scheu und schlecht an Terrarienbedingungen zu gewöhnen. Zudem sollte die Entnahme aus der Natur nicht gefördert werden.

sollte das Tier satte bunte Farben zeigen. Beim Einfangen sollte es flink fliehen oder mit geöffnetem Maul drohen. Ebenso sollte man sich einen Fress- und Trinkvorgang zeigen lassen, um die Zungenfunktion zu überprüfen (siehe Kapitel „Krankheiten"). Auch sollten die Nachzuchten beim Kauf mindestens zwei, besser drei Monate alt sein. Am besten ist natürlich, man hat einen erfahrenen Chamäleonhalter beim Kauf zur Seite oder kann sich auf einen ehrlichen Züchter verlassen.

Beim Kauf sollte man außerdem darauf achten, dass man einen Herkunftsnachweis (siehe „Artenschutz") erhält.

Anschaffung

Adultes Weibchen Foto: S. Krampe

Anschaffung

Terrarienhaltung

DAS Jemenchamäleon lässt sich mittlerweile gut halten und unter Berücksichtigung einiger Parameter auch problemlos nachzüchten, zumal es sich wie in der Natur den unterschiedlichen klimatischen Verhältnissen in einer gewissen Spannweite anpasst.

Prinzipiell sollten die Tiere einzeln und ohne Sichtkontakt zueinander gehalten werden, denn auch in großen Terrarien oder Wintergärten bedeutet jeder Kontakt Stress für die Tiere. Keinesfalls dürfen Männchen auch nur Sichtkontakt zueinander haben. Und das Chamäleonauge sieht alles im Zimmer, auch wenn das Objekt noch viele Meter entfernt ist! Jungtiere sollten nach 3–4 Monaten voneinander getrennt werden, weil es sonst durch Stress zu Entwicklungsstörungen und Verlusten bei den Tieren kommen kann.

Als Behältnis eignet sich ein Glas- oder Holzterrarium mit guter Belüftung durch möglichst große Gazeflächen mindestens in der Frontseite sowie im Deckel, besser auch in den Seitenwänden. Nach den „Mindestanforderungen" aus einem Gutachten, das vom Bundesministerium für Ernährung, Landwirtschaft und Forsten in Auftrag gegeben wurde, müssen die Maße des Terrariums für *Ch. calyptratus* 4 x 3 x 6 (Länge x Breite x Höhe) multipliziert mit der Kopf-Rumpf-Länge betragen. Die Größe sollte mit dem Chamäleon wachsen, d. h. Jungtiere lassen sich in Fünfergruppen in 25 x 25 x 50 cm großen Becken für drei Monate gemeinsam halten. Dann sollten sie einzeln in 50 x 50 x 100 cm große Terrarien überführt werden. Mit Erreichen der Geschlechtsreife (nach ca. 6 Monaten) halte ich meine Männchen einzeln in Glasterrarien der Größe 75 x 50 x 120 cm und meine Weibchen einzeln in den zuvor genannten Terrarien (50 x 50 x 100 cm). So werden die Becken der Größe der Tiere angepasst, was nicht nur die tägliche Pflege der Nachzuchten erleichtert, sondern auch ein kontrollierbares Füttern gewährleistet, ohne dass sich Futtertiere verstecken können und die Jungtiere durch diese nachts gestört oder sogar angefressen werden. Gerade die Jungtiere haben in den ersten Monaten noch eine sehr verletzbare Haut und verfallen

Terrarienhaltung

nachts in einen tiefen Schlaf, sodass sie von kleinen Heimchen angefressen werden könnten. Entsprechend sollte man keinesfalls zu groß gewordene Futtertiere im Terrarium belassen.

Die Terrarien stehen bei mir in einem Gewächshaus, sodass in den Morgen- und Abendstunden auch natürliches Sonnenlicht direkt in die Terrarien einfällt, ohne dass sich diese überhitzen können. Ansonsten hat jedes Terrarium einen externen 100-W-Spotstrahler bzw. bei Jungtieren einen 40-W-Strahler. Diese sind jeweils für neun Stunden im Sommer bzw. für 4–6 Stunden im Winter in Betrieb. Sie müssen so platziert werden, dass sich die Tiere daran nicht verbrennen können. Gerade die adulten Tieren neigen zu Verbrennungen an Helm und Rückenkamm, weil dort das Schmerzempfinden herabgesetzt ist. Sollte das Terrarienzimmer nicht lichtdurchflutet sein, bieten sich Leuchtstoffröhren oder HQI-Strahler an. Eine hohe Lichtintensität trägt erheblich zum Wohlbefinden der Tiere bei. Zusätzlich sind alle Terrarien mit internen UV-B-Lampen (Adulti: z. B. „Repti Glo 8.0 UVB", 30 Watt, von „ExoTerra"; Nachzuchten: „Radium Ralutec" 7 Watt/78,

> **DER PRAXISTIPP**
> Die Vergesellschaftung mit anderen Reptilien/Amphibien halte ich für problematisch, denn auch der außerartliche Stress ist nicht zu unterschätzen. Zudem besteht immer die Gefahr, dass der zunächst tolerierte Mitbewohner plötzlich zur Beute wird. Allenfalls nachtaktive Geckos in entsprechender Größe stören das Chamäleon nicht und halten entkommende, ebenfalls nachtaktive Futtertiere im Zaum.

623) ausgestattet, denn gerade die Jungtiere benötigen UV-Licht für eine rachitisfreie Entwicklung. Die UV-Lampen sind bei adulten Tieren drei Stunden, bei Jungtieren 12 Stunden geschaltet. Aufgrund ihrer geringen Wattzahl kann es durch zu geringe Abstände nicht zu Verbrennungen kommen. Die Alternative sind hochpotente UV-Strahler, wie z. B. die „Ultra Vitalux" von Osram, die mit dem entsprechenden Abstand (ca. 80 cm) zum Tier 2–3 Mal wöchentlich bzw. bei Jungtieren täglich 20 Minuten aktiviert sein sollten. Auf Wärmestrahler oder Heizmatten greife ich nur im Rahmen der bevorstehenden Eiablage zurück.

Die genannten Bedingungen führen bei den erwachsenen Tieren zu Temperaturen im Sommer von tagsüber ca. 25–30 °C, direkt un-

Terrarienhaltung

Jungtiere können bis zu einem gewissen Alter gemeinsam aufgezogen werden. Foto: C. Schneider

Terrarienhaltung

ter dem Strahler 35 °C und nachts 18–22 °C. Im Winter fallen die Werte auf tagsüber 20–25 °C und nachts 15–18 °C. Der Übergang von der Sommer- zur Winterzeit bzw. umgekehrt sollte durch monatliche Reduktion bzw. Erhöhung der Betriebsdauer des Strahlers kontinuierlich geregelt werden. Bei den Jungtieren sollten die Maximaltemperaturen 25 °C nicht übersteigen. Direkte Sonneneinstrahlung in Glasterrarien kann schnell zur Überhitzung der Tiere führen und sollte daher dringend vermieden werden, denn sonst sind Verluste vorprogrammiert. Gerade der Tag-/Nachtrhythmus bzw. auch der Sommer-/Winterrhythmus tragen zum Wohlbefinden der Tiere und zur Paarungsbereitschaft bei.

Als Bodengrund verwende ich ein 10–15 cm hohes Erd-Sand-Gemisch (im Verhältnis 1 : 3 gemischt). Alle Becken sind dicht mit *Ficus benjamini* und Efeutute bepflanzt, die als Sichtschutz dienen und deren junge Blätter gerne von den Chamäleons gefressen werden. Vor dem Einbringen in das Terrarium sollten sie gründlich abgebraust werden, um evtl. Pflanzenschutzmittel-Rückstände zu entfernen. Dabei sollte man die Pflanzen nicht austopfen, sonst lassen sich die Terrarien schwer säubern, umgestalten oder ggf. nach Gelegen absuchen. Außerdem bringe ich Korkwände und viele der Fußgröße entsprechende Kletteräste ein. Das Jemenchamäleon ist gelegentlich auf dem Boden zu finden und bewegt sich dort geschickt. Insbesondere die Weibchen graben gerne im Bodengrund, auch ohne trächtig zu sein. Bei den Nachzuchten verzichte ich auf jeglichen Bodengrund, da so die Hygiene besser zu gewährleisten ist, Futtertiere sich nicht verstecken und die Jungtiere nicht versehentlich Fremdkörper fressen können.

Als sinnvolle Pflegearbeit hat sich das mindestens wöchentliche Absammeln von Kotresten erwiesen. So hält sich die Geruchsbelästigung im Rahmen, Krankheiten durch versehentliche Kotaufnahme können verhindert und die Terrarien müssen nicht so häufig grundgereinigt werden.

Am besten hält man Jemenchamäleons einzeln, ohne Blickkontakt zu Artgenossen, da sie ansonsten unter Stress leiden können. Foto: C. Schneider

Freie Zimmerhaltung

Freie Zimmerhaltung

KAUM ein anderes Chamäleon eignet sich besser für die freie Zimmerhaltung an einer großen Fensterfront, in einem Wintergarten oder im Gewächshaus als das Jemenchamäleon. Diese robuste Art ist weitestgehend unempfindlich gegenüber Temperaturschwankungen oder Luftfeuchtigkeitsunterschieden.

Kaum ein anderes Chamäleon eignet sich derart für die freie Zimmerhaltung wie das Jemenchamäleon. Foto: C. Schneider

Freie Zimmerhaltung

Es sollten jedoch ein paar Punkte beachtet werden. Wichtig sind einige dicke (2–5 cm), freihängende Äste, die den Boden nicht erreichen, damit das Chamäleon möglichst die Fensterfront nicht verlassen kann. Die Chamäleons lieben eine dichte Bepflanzung mit robusten Arten (s. oben), von denen sie gelegentlich die frischen Blatt- oder Blütenknospen kosten. Außerdem muss das Tier sich unter einem Spotstrahler erwärmen können, ohne sich zu verbrennen. Wintergärten oder Gewächshäuser sollten beheizbar (keine Temperaturen unter 10 °C) sein bzw. Schattenplätze (nicht über 35 °C) bieten. An besonders heißen Tagen muss eine ausreichende Luftzirkulation über einen Ventilator oder eine Belüftung gewährleistet sein.

Die Wasseraufnahme kann über eine Pipette, eine Tropftränke oder einen Zimmerspringbrunnen erfolgen. Wenige Tiere lassen sich auch an Trinkschalen gewöhnen. Außerdem muss durch häufiges Übersprühen der Pflanzen auf eine ausreichend hohe Luftfeuchtigkeit geachtet werden, da die Tiere sonst viel Flüssigkeit über Haut und Atmung verlieren. So droht der Tod durch Nierengicht. Das Futter kann von einer Pinzette oder aus einem an einem Ast befestigten Futternapf gereicht werden.

Da das Jemenchamäleon sein „Geschäft" häufig von demselben dicken Ast aus verrichtet, lässt sich der Kot gut in einer Sandschale auffangen.

Die freie Zimmerhaltung praktiziere ich erst, wenn die Tiere ca. 6 Monate alt sind. Trotz des relativ großen Raumangebots sollte höchstens ein Pärchen gemeinsam gehalten und darauf geachtet werden, dass sich die Partner auch aus dem Weg gehen können. Selbst der Sichtkontakt zu anderen Chamäleons in Terrarien sollte vermieden werden. Ideal ist es, wenn ein Terrarium zur Eiablage oder zur gelegentlichen Trennung der Tiere bereitgehalten wird.

> **ACHTUNG!**
> Vorsicht ist geboten, wenn man die Tür öffnet, da die Tiere gelegentlich auch auf dem Boden dahinter anzutreffen sind. Fenster und Türen müssen stets geschlossen bleiben, da die Tiere auch am glatten Fensterrahmen emporklettern können. Auch andere Haustiere (Katzen, Hunde) können eine Gefahr für die Chamäleons darstellen.

Freilandhaltung

WENN irgendwie möglich, sollte man seinen Chamäleons eine Freilandhaltung im Garten oder auf dem Balkon bieten. Diese willkommene Abwechslung steigert das Wohlbefinden der Tiere erheblich, was sich durch eine gesteigerte Aktivität und Farbenpracht widerspiegelt. Ein ungefiltertes Sonnenbad und die Frischluft erhöhen Vitalität sowie Widerstandskraft und stimulieren die Fortpflanzung.

Je nach Wetterlage ist ein Freilandaufenthalt in den Monaten Mai bis September auch über Nacht möglich. Dafür bietet sich ein ausbruchsicheres, möglichst großes Drahtgehege an, worin es nicht zu einem Hitzestau kommen kann.

Je nach Temperatur (unter 15 °C) und Regenhäufigkeit (mehr als drei Tage Regenwetter) sollten die Tiere gegebenenfalls zurück in ihre Terrarien überführt werden, sodass die Volieren jederzeit gut zugänglich sein müssen. Außerdem muss ein Eindringen von Vögeln, Mardern, Katzen oder Hunden verhindert werden.

Ich halte meine Tiere je nach Wetterlage von ca. Ende Mai bis Anfang September getrennt in 50 x 50 x 150 großen, zusammenklappbaren Holz-/Draht-Volieren durchgehend im Freien, wobei sie bei längeren Schlechtwetterperioden zurück in die Terrarien geholt werden. In den Volieren haben sie einen Unterstand gegen Regen und Sonne. Die Drahtmaschengröße und die Bepflanzung sind so gewählt, dass viele Insekten unterschiedlicher Größe (Schmetterlinge, Libellen, Schwebfliegen, Heupferde, Fliegen) gezielt in die Volieren kommen. Zugefüttert und übersprüht wird nur bei Bedarf.

> **DER PRAXISTIPP**
> Die Drahtmaschen der Freilandterrarien sollten groß genug sein, dass möglichst viel Sonnenlicht einfallen kann und reichlich Futterinsekten in das Gehege gelangen können. Bringt man dann noch Pflanzen ein, die heimische Insekten anlocken, muss nur noch selten zugefüttert werden. Schatten- und Regenschutzplätze sollten insbesondere für die Jungtiere vorhanden sein.

Freilandhaltung

In solchen gut belüfteten Terrarien sollte man seinen Tieren Aufenthalte im Freien unbedingt gönnen. Foto: C. Schneider

Ernährung

ALS Futter nehmen Jemenchamäleons sowohl tierische als auch pflanzliche Kost gerne an. Ich füttere die Adulti (die erwachsenen Tiere) alle 2–3 Tage, die Weibchen während der Trächtigkeit täglich. Verfüttert werden verschiedene vitaminisierte Zuchtinsekten (Grillen, Heimchen, Heuschrecken, Schaben, Rosenkäferlarven), selbst gefangene heimischen Insekten (Arten- und Naturschutzgesetzgebung beachten), Sepiaschulp („Sepiaschale"), selten eine frisch geborene bzw. aufgetaute Maus oder ein Gecko und häufig weiches Obst (Banane, Erdbeere, Birne, Melone u. a.) oder weiches Gemüse (Gurke, Paprika, Salat u. a.). Als Vitaminpräparat verwende ich „Korvimin ZVT", „CALCAmineral" und neuerdings „Aminorep".
Auch junge Blätter des *Ficus benjamini* werden gerne genommen. Es bestehen eindeutig individuelle Nahrungsvorlieben. Gelegentlich wird die Nahrung im Jahresverlauf oder auf Grund von

Zophobas-Larve
Foto: K. Kunz

Ernährung

Eintönigkeit von einzelnen Tieren verschmäht. Durch diese Fastenzeit und durch Nahrungsabwechslung fressen die Tiere aber nach 1–2 Wochen normalerweise wieder. In den Monaten der Freilandhaltung treten diese Probleme nie auf, und meine Tiere fressen je nach Bedarf alles, was sie schießen können. In den Winter-

Eingewöhnte Exemplare nehmen ihr Futter auch aus der Hand. Foto: S. Krampe

Kurzflügelgrillen in der Verkaufsbox
Foto: M. Barts

monaten fressen die Jemenchamäleons bei tieferen Temperaturen und reduzierter Lichtdauer dann wieder deutlich weniger.

Die Nachzuchten fressen und trinken die ersten 2–3 Tage nichts. Sie ernähren sich von ihrem Dottersack. Dann erhalten sie täglich ihrer Größe entsprechend vitaminisierte Insekten (Fruchtfliegen, Stummelfliegen, Heimchen) bzw. wenn möglich Wiesenplankton (das sind in der freien Natur auf unbelasteten Flächen gekescherte Wirbellose, die natürlich nicht geschützt sein und nicht in Schutzgebieten entnommen werden dürfen), wobei gelegentliche Fastentage nicht schaden. Flüssigkeit nehmen sie als Tropfen nach dem Übersprühen von den Blättern auf. Nach 8–10 Wochen sollten nicht mehr so häufig Zucht-Fliegen gefüttert werden, auch wenn sie von den Tieren eindeutig bevorzugt werden. Diese sind nicht nahrhaft

Feuchtigkeit und Trinkwasser

DIE Luftfeuchtigkeit sollte im Mittel bei ca. 50–60 % (bei den Jungtieren um 80 %) mit Spitzenwerten um 100 % nach dem Übersprühen liegen. Zur Wasserversorgung werden die Terrarien der Jungtiere täglich, die der Adulti alle 2–3 Tage übersprüht. Zunächst lecken oder schießen die Jungtiere Tropfen von den Blättern. Schon nach wenigen Wochen trinken auch die Nachzuchten wie die Adulti von der praktischen Tropftränke (im Fachhandel erhältlich oder selbst bauen), die ich über einen Pflanzentopf platziere, damit der Bodengrund nicht zu nass wird. Diese Tropftränken bestehen aus einem Plastiktöpfchen mit kleinem Ablaufschlauch, an dem über ein Ventil die Tropfenbildung reguliert werden kann.

genug, wodurch sich die Rachitisgefahr erhöht. Flugfähiges Wiesenplankton stellt natürlich kein Problem dar. Ameisen oder „ameisenähnliche" Insekten werden von den Jungtieren zunächst verschmäht und erst bei großem Hunger gefressen. Gleiches gilt auch für Kellerasseln und kleine Gehäuseschnecken. Sie sollten trotzdem angeboten werden, da sie weiteren Kalk zur Rachitisprophylaxe liefern. Nach 16 Wochen sollten die Tiere je nach Jahreszeit dann nur noch alle 2–3 Tage Futter erhalten.

> **DER PRAXISTIPP**
> Das Präparat „Aminorep" zeichnet sich neben seiner sinnvollen Nährstoffzusammensetzung auch durch die grüne Pulverfarbe aus. Die eingestäubten „grünen" Futtertiere werden von den Chamäleons besonders begehrt. Außerdem ist zu beobachten, dass die Futterinsekten das Präparat gerne selbst fressen, ohne daran zu sterben, was bei anderen Produkten nicht der Fall ist.

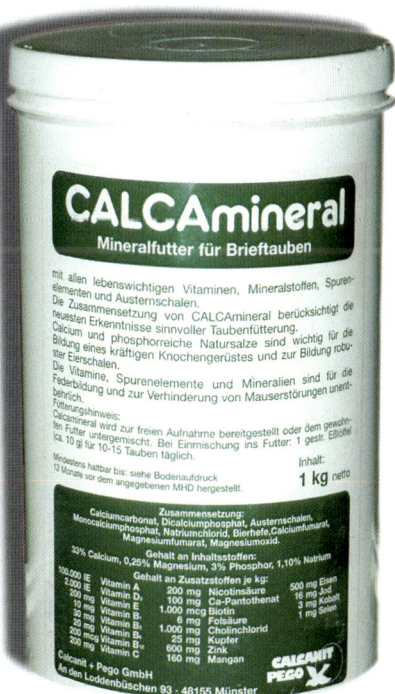

„CALCAmineral" Foto: M. Barts

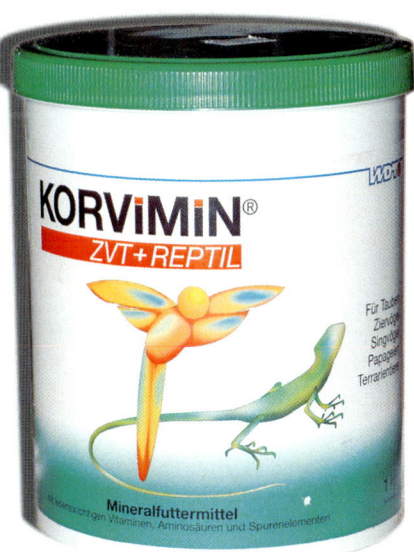

„Korvimin ZVT + Reptil" Foto: M. Barts

Balz- und Paarungsverhalten

IN freier Natur liegt die Paarungszeit von September bis Oktober. Im Terrarium ist die Fortpflanzung ganzjährig möglich, wobei die Männchen immer, die Weibchen aber nur gelegentlich paarungsbereit sind.

Vor der eigentlichen Kopulation kommt es zu einem interessanten Balzritual, bei dem die erfolgreiche Paarung anhand der Farbwechsel des Weibchens ziemlich sicher vorhergesehen werden kann:

Sofort nachdem das Weibchen zu dem Männchen in die Außenvoliere oder in das Terrarium gelassen wird, beginnt das Männchen, mit Nickbewegungen auf die Partnerin zuzustürmen. Hierbei bläst es sich mal auf, mal flacht es die Seiten weit ab, um ihr sei-

Männchen sind praktisch ständig paarungsbereit. Foto: C. Schneider

Balz- und Paarungsverhalten

ne größtmögliche Breitseite zu präsentieren. Währenddessen legt es sein oben beschriebenes, schönstes Farbkleid an. Das Weibchen hingegen bleibt zunächst ruhig und nimmt bei Paarungsbereitschaft ein neutrales Farbkleid in Dunkelgrün an. Dann geht es wie unbeteiligt langsam davon und erwartet das Männchen. Wenn dieses die Partnerin erreicht hat, versucht es, sie mit gezielten Helmstößen am Weiterlaufen zu hindern und in eine günstige Paarungsposition zu manövrieren. Sobald dies gelungen ist, klettert es von hinten auf sie herauf, krallt sich fest und schiebt seine Kloake unter ihre, welche sie zuvor leicht angehoben hat. Die Paarung kann zwischen 20 und 40 Minuten dauern und sich in den Folgetagen mehrmals wiederholen, wobei bei einem normalen Ablauf meist schon die erste Paarung erfolgreich ist. Beide Partner lassen sich durch Zuschauer nicht stören, auch wenn sie ansonsten sehr scheu sind. Danach trenne ich beide wieder voneinander und versuche es an den nächsten Tagen ggf. noch einmal.

Bei den Männchen kann ab dem sechsten Monat von einer ständigen Paarungsbereitschaft ausgegangen werden. Als Jungtier ist das oben beschriebene Balz- und Paarungsverhalten beim Männchen noch nicht zu beobachten. Die Weibchen sind etwa ab dem neunten Monat nur in bestimmten Zeiträumen paarungsbereit, was sich während der Paarung sofort an einem Farbwechsel ablesen lässt. Ist das Weibchen nicht paarungsbereit, reißt es bei Sichtkontakt sein Maul auf und versucht, schnell zu fliehen. Außerdem wechselt es sein Farbkleid in eine braune bis schwarze Grundfärbung. Wird es trotzdem vom Männchen verfolgt, versucht es durch angedeutete Bisse und Helmstöße ein Aufsteigen des Männchens zu verhindern. Dieses wird hierdurch ruhiger und wehrt sich bei bestehender Beißhemmung kaum. Nur selten versucht ein sehr aggressives Männ-

> **DER PRAXISTIPP**
> Auch wenn einige Weibchen schon eher geschlechtsreif sind, sollte man die Tiere frühestens mit 12 Monaten verpaaren. Ansonsten besteht die Gefahr, dass es zu Legenot kommt oder die jungen Weibchen nach der kräftezehrenden Trächtigkeit und Eiablage versterben. Die Männchen stresst die Paarung nur unwesentlich, sodass diese ab dem Alter von ca. 6 Monaten verpaart werden können.

chen, sich trotz der Gegenwehr des Weibchens zu paaren, was dann aber auch nicht mit Erfolg gekrönt wird. Ist ein Weibchen beim Paarungsablauf bereits trächtig, nimmt es sein schönstes Farbkleid (schwarze Grundfarbe mit orange und türkisen Punkten) an und verhält sich noch paarungsunwilliger. Ich trenne die Tiere bei Paarungsunwilligkeit des Weibchens immer sofort, um beide Partner keinem unnötigen Stress auszusetzen.

Trächtigkeit, Eiablage, Zeitigung und Schlupf

DAS Weibchen zeigt etwa fünf Tage nach einer erfolgreichen Paarung deutlich mehr Appetit. Es erhält Sepiaschulpstückchen, vitaminisierte Insekten und Obst sowie einmal wöchentlich ein Mäusebaby. Hierbei muss wie bei der Jungtieraufzucht eine Übervitaminisierung (nicht mehr als eine Messerspitze Vitaminpulver pro Tag) vermieden werden, da es sonst zur Vergiftung des Tieres kommen kann. Der Bauchumfang nimmt schnell zu, und nach 2–3 Wochen zeichnen sich die Eiersilhouetten immer deutlicher auf der Bauchhaut ab. Bald frisst das Weibchen nur noch das angebotene weiche Obst mit Sepiaschulp aus der Pinzette und trinkt viel. Wenige Tage vor der Eiablage laufen die trächtigen Weibchen unruhig im Terrarium umher und beginnen mit ersten Probegrabungen. Jetzt sind optimale Ablagebedingungen notwendig, sonst kann es schnell zu Legenot kommen, die ohne tierärztliche Behandlung zum Tod des Weibchens durch im Körper verfaulende Eier bzw. die dadurch ausgelösten Komplikationen führt. In einem großen Terrarium bringt man einen großen und hohen (mindestens 30 cm)

Trächtigkeit, Eiablage, Zeitigung und Schlupf

Verpaarungen sollten immer unter Aufsicht erfolgen, um bei Problemen jederzeit einschreiten zu können. Foto: C. Schneider

Ablagebehälter (z. B. einen 10-Liter-Eimer) mit einem feuchten Sand-Erde-Gemisch ein und sorgt, z. B. mit einer kleinen Heizmatte (ca. 15 W) unter dem Sand am Eimergrund, für die nötige Temperatur.

Die Grabungen werden immer häufiger und das Weibchen immer unruhiger. Nach 22–36 Tagen, meist nachts, gräbt das Weibchen einen so tiefen Gang, dass es vollständig darin verschwindet. Dann dreht es sich und legt am Ende der Höhle von 20 bis zu 80 Eier, meist jedoch um die 40. Nach der Eiablage füllt das Tier die Höhle sorgfältig mit

DER PRAXISTIPP
Ich wähle eine andere Methode zur Eiablage des Weibchens: Ich beobachte das trächtige Tier genau und kann die bevorstehende Eiablage auf 1-2 Tage exakt vorhersagen (Eier zeichnen sich an der Bauchhaut ab, Tier ist sehr unruhig und gräbt im Bodensubstrat). Dann überführe ich das Weibchen zur Eiablage in einen vorbereiteten 10-Liter-Eimer, der zu 2/3 mit einem feuchten (nicht nassen) Sand-Erde-Gemisch (im Verhältnis 2 : 1 gemischt) gefüllt und mit Fliegengaze überspannt ist. Dicht darüber platziere ich eine 40-Watt-Birne als Wärmequelle. Dieses Verfahren erleichtert die spätere Eierüberführung in den Brutkasten und schont die Terrarieneinrichtung. Man sollte es aber nur mit einiger Erfahrung einsetzen, wenn man die bevorstehende Eiablage auch wirklich sehr genau vorhersehen kann.

Trächtigkeit, Eiablage, Zeitigung und Schlupf

Sand auf und stampft sogar den Boden abschließend wieder fest. In dem Terrarium bzw. dem Eimer ist der Eingang der Höhle nicht mehr zu sehen. Die Eier können, auch in einem Gelege, deutlich unterschiedlich groß (7 x 10 mm bis 17 x 20 mm) und schwer (0,7–1,8 g) sein. Häufig sind die kleinen Eier nicht befruchtet, fallen in den ersten 3–4 Monaten ein und beginnen zu faulen.

Die Eier sollten zur Optimierung der Zeitigungsbedingungen und zum Schutz vor Futtertieren, Parasiten sowie Krankheitserregern immer aus dem Ablagesubstrat in Heimchenboxen mit feuchtem Vermiculit überführt werden. Das Substrat sollte das Wasser vollständig aufgenommen haben, sodass sich keinerlei Wasserreste mehr abgießen lassen. Dazu lege ich sie mit einem Löffel und einem Pinsel vorsichtig frei und markiere die Oberseite mit einem weichen Stift. Die Eier werden zu 2/3 im Substrat eingegraben, und die Boxen bei geschlossenem Deckel in einem Inkubator (z. B. „Jaeger Kunstglucke", Typ FB 50 M – Reptilien, 12 Volt) bei kontinuierlichen 28,5 °C über ca. 6 Mo-

Weibchen im „Eiablageeimer" Foto: C. Schneider

Trächtigkeit, Eiablage, Zeitigung und Schlupf

Die Oberseite der Eier wird mit einem weichen Stift markiert, um ein späteres Verdrehen zu verhindern. Foto: C. Schneider

Vermiculit eignet sich hervorragend als Brutsubstrat. Foto: C. Schneider

Trächtigkeit, Eiablage, Zeitigung und Schlupf

> **DER PRAXISTIPP**
> Ich kontrolliere die Gelege wöchentlich. Hierbei werden sie „gelüftet", und bei oberflächlich sichtbaren trockenen Substratpartikeln wird das Vermiculit nachgefeuchtet.

nate gezeitigt. Befruchtete Eier nehmen in den ersten drei Monaten deutlich an Volumen zu. Unbefruchtete Eier behalten ihre Größe und trocknen nach 4–10 Wochen ein. Nach meinen Erfahrungen können bis zu 25 % der Eier eines Geleges unbefruchtet sein. Sie werden entfernt, bevor sie zu faulen beginnen, damit sich keine Krankheitserreger oder Pilze auf die anderen Eier übertragen. So hatte ich bisher keine Probleme mit Fäulnis oder Pilzbefall des Geleges.

Häufig kommt es bei meinen Weibchen zu mehreren Gelegen (bis zu vier) ohne erneute Paarung, wobei der Anteil unbefruchteter Eier dann deutlich steigt oder die Gelege sogar ganz unbefruchtet sind.

Die Weibchen sind nach der Eiablage sehr geschwächt. Sollten sie nicht spätestens nach 2–3 Tagen wieder Nahrung und Wasser aufnehmen, werden sie von mir zwangsgefüttert. Hierzu hat sich ein selbst angefertigter Brei aus Steppengrillen (2 große), Banane (ca. 1/10) und „Aminorep" (2 Messerspitzen) bewährt. Dieser Brei wird zunächst nur widerwillig, später aber immer besser an-

Das erste Köpfchen schaut hervor ... Foto: C. Schneider

Trächtigkeit, Eiablage, Zeitigung und Schlupf

genommen. Außerdem erfolgte nach jeder Mahlzeit eine Wassergabe mittels Pipette. Dieses Vorgehen praktiziere ich zunächst täglich, dann alle 2–3 Tage. Vor jeder Zwangsfütterung wird mit einer Heuschrecke getestet, ob der „Patient" wieder selbstständig frisst. Außerdem wird täglich frisches Wasser angeboten. Das Weibchen erholt sich somit meistens innerhalb von ca. 2 Wochen. Reagiert man nicht sofort, entwickeln die Chamäleons Mangelerscheinugen wie Rachitis oder Zungenlähmung oder sterben an Hunger oder Austrocknung. Diese Gefahr besteht insbesondere bei den Weibchen, die bereits mehrere Eiablagen hinter sich haben.

Gelegentlich beginnen einige Eier im Inkubator vorzeitig nach ca. 5 Monaten ihre Kontur zu verändern, obwohl es keine Anzei-

> **ACHTUNG!**
> Findet das Weibchen kein geeignetes Substrat zur Eiablage oder stimmen die Klimabedingungen nicht, führt dies zur schon erwähnten lebensbedrohlichen Legenot. Auch habe ich beobachtet, dass das Weibchen bei Stress seine Eier frühzeitig einfach in der Umgebung ablegt. Man nennt dies ein „Verwerfen" des Geleges.

chen für einen bevorstehenden Schlupf gibt. Sie fallen ein und beginnen einzutrocknen, ohne dass es an der Substratfeuchte liegen kann. Dieses betrifft hauptsächlich die kleineren Eier. Hierin befinden sich voll entwickelte Embryos, die in der Endphase ihres Entwicklungsstadiums absterben. Dieses betrifft manchmal bis zu 25 % der Gesamtbrut und lässt sich mit einer ungenügenden Vitaminversorgung des Muttertieres erklären,

Geschafft! Das Junge hat sich aus seiner Eischale befreit. Foto: C. Schneider

Trächtigkeit, Eiablage, Zeitigung und Schlupf

> **WUSSTEN SIE SCHON?**
> Aus meinen Beobachtungen lassen sich folgende Zusammenhänge zwischen den Inkubationsparametern ableiten: Je höher die Zeitigungstemperatur (bis 35 °C) und Substratfeuchte, desto geringer ist die Inkubationsdauer, desto geringer aber auch die Schlupfgröße/Robustheit der Nachzuchten, und desto mehr männliche Individuen schlüpfen.

da ich ebenso häufig fast 100-%ige Schlupferfolge bei gleichen Zeitigungsbedingungen erziele.

Eier, die über den fünften Monat prall bleiben, geben Anlass zur Hoffnung auf einen erfolgreichen Schlupf. Durch Diaphanoskopie (Durchleuchtung der Eier, „Scheren") sind leider nur selten Gefäße oder Embryos durch die Eierschale sichtbar. Kurz vor dem Schlupf (bei o. g. Zeitigungsbedingungen nach ca. 200 Tagen) perlen Tropfen von der Eierschale, und die Eihüllen fallen ein. Dann schneidet der Schlüpfling mit seinem Eizahn (ein speziell dafür gebildeter Zahn, der nach dem Schlupf abfällt) einen Schlitz

Die Schlüpflinge bleiben noch etwa einen Tag in der Zeitigungsbox. Foto: C. Schneider

Trächtigkeit, Eiablage, Zeitigung und Schlupf

in die Schale und versucht, mit schlängelnden Bewegungen aus dem Ei zu gelangen. Zunächst schaut nur der Kopf aus der Schale. Ist das erst einmal geschafft, geht der weitere Schlupfvorgang blitzschnell. Vom Aufschlitzen des Eis bis zur vollständigen Befreiung kann es allerdings bis zu 36 Stunden dauern und bei Misslingen in seltenen Fällen auch zum Tod führen. Die frischen Schlüpflinge legen sich zunächst zusammengerollt in das Vermiculit. Doch bald beginnen sie, in der Zeitigungsbox aufgeregt umherzulaufen. Dort werden sie etwa einen Tag lang belassen und dann in ein kleines Terrarium überführt. Innerhalb von wenigen Tagen schlüpfen alle Chamäleonbabys, z. T. mit unterschiedlicher Größe (45–70 mm), wobei die Körpergröße beim Schlupf sowohl von der Eientwicklungsdauer als auch von der Eigröße zum Zeitpunkt der Ablage abhängt. Unter den oben genannten Ablage- und Zeitigungsbedingungen erziele ich unterschiedliche Schlupfraten von 50–90 % bei homogener Geschlechtsverteilung.

Lohn der Mühe: gesundes Jungtier
Foto: C. Schneider

Wer könnte diesem Anblick widerstehen? Foto: C. Schneider

Aufzucht der Jungen und Probleme

NACH der Freude über die erfolgreiche Nachzucht fangen die Probleme aber erst richtig an. Je nach Schlupfergebnis sind zwischen 20 und 50 kleine Chamäleons aufzuziehen bzw. unterzubringen. Ich überführe sie in Fünfergruppen, nach Größe sortiert, in kleine Terrarien (25 x 25 x 50 cm) mit UV-B-Licht (7 %) und einer 40-Watt-Birne. Sie sind gleich nach der Geburt sehr flink und können geschickt auf dünnen Ästen laufen. Außerdem drohen sie mit offenem Maul und versuchen zuzubeißen, wenn man sie ergreift. Dabei sollte man aufpassen, dass die Kleinen nicht herunterfallen, denn sie versuchen, von der Hand zu springen bzw. sich zur Flucht fallen zu lassen. Die Terrarien haben kein Bodensubstrat. Somit sind sie leicht sauber zu halten, und es besteht nicht die Gefahr, dass die Nachzuchten beim Beuteschießen Substratteile verschlucken. An-

Jungtiere an der Futterbox mit Micro-Grillen Foto: C. Schneider

Aufzucht der Jungen und Probleme

sonsten sind die Aufzuchtterrarien mit dicht wachsenden Pflanzen (gut geeignet sind Gräser) und vielen dünnen Kletterästen ausgestattet. Es müssen jedenfalls viele Versteckmöglichkeiten und Sonnenplätze vorhanden sein, damit die Tiere möglichst wenig Stress erleiden. Unter den genannten Bedingungen ist das Aufziehen der Nachzuchten in kleinen Gruppen sicherlich für 8–10 Wochen zu vertreten. Schließlich ist die Einzelaufzucht von bis zu 50 Tieren nicht praktikabel. Ich konnte außerdem beobachten, dass Jungtiere, die zusammen aufgezogen wurden, aus Futterneid besser fraßen und schneller wuchsen als gleichaltrige Geschwister, die einzeln gehalten wurden. Trotzdem sollte das Sozialverhalten der Jungtiere immer gut beobachtet werden. Wenn sich erste Stressreaktionen (Dunkelfärbung, gegenseitiges Bedrohen, Wachstumsverzögerungen u. a.), besonders bei den Männchen, zeigen, müssen sie getrennt werden. Ansonsten zeigen sich später Folgeprobleme wie schüchternes Verhalten, Paarungsunwilligkeit und Wachstumsstörungen.

Wie oben erwähnt, fressen die Nachzuchten schon nach wenigen Tagen ihrer Größe angemessene, vitaminisierte Insekten; schon jetzt sollte man möglichst abwechslungsreich füttern. Hierbei muss darauf geachtet werden, dass auch den kleineren Tieren ausreichend Futter zur Verfügung steht. Zunächst wachsen die Jungtiere je nach Futterangebot schnell und gleichmäßig heran. Ein zu schnelles Wachstum (Geschlechtsreife nach 3–4 Monaten, Wachstumsabschluss nach acht Monaten) ist nicht wünschenswert, da es häufig zu Rachitis führt, wenn das Wachstum dem Mineralieneinbau in das Skelett vorauseilt. Erst etwa ab der 16. Woche wird ein Größenunterschied zu Gunsten der Männchen immer deutlicher.

Artgerechte Ernährung und ausreichende Wassergaben sind die Voraussetzungen für rasches, gesundes Wachstum.
Foto: C. Schneider

Aufzucht der Jungen und Probleme

Zum Klettern benötigen die Jungen entsprechend dünnere Äste als die Adulti. Foto: C. Schneider

Den Zungenschuss beherrschen schon die Kleinsten perfekt. Foto: C. Schneider

Aufzucht der Jungen und Probleme

Bei der Aufzucht ist auch auf die Flüssigkeitsversorgung besonders zu achten! Wenn die Nachzuchtterrarien zu wenig der wegen der Fruchtfliegen sehr kleinen Belüftungsmaschen haben, kommt es in den Terrarien häufig zu Staunässe. Dann muss täglich für genügend Luftzirkulation gesorgt werden, oder der Gazeanteil pro Glasfläche muss erhöht werden. Auch hier bieten Holzrahmenterrarien Vorteile.

An Sonnentagen überführe ich die Nachzuchten in spezielle kleine, frei hängende Gazebehälter, in denen sie sich sichtlich wohl fühlen und die Möglichkeit haben, kleinste Insekten aus der Natur zu fressen. Die Jungtiere können nach ca. 6 Wochen an erfahrene Terrarianer (sie sollten einen Sachkundenachweis vorweisen können und/oder die entsprechende Literatur gelesen haben) abgegeben werden.

Viele Deckungsmöglichkeiten sind bei Gruppenaufzucht essenziell. Foto: C. Schneider

Krankheiten und Therapiemöglichkeiten

IMMER noch gestalten sich die Diagnostik und Therapie von Krankheiten beim Jemenchamäleon sehr schwierig. Auch mir als Humanmediziner fällt es schwer, jedesmal die Ursache für die Entwicklung einer Erkrankung auszumachen. Symptome wie Nahrungsverweigerung, Durchfall, Erbrechen und Aktivitätsverlust sind so unspezifisch, dass sie auf sehr unterschiedliche Erkrankungen hinweisen können.

Gerade weil auch viele Tierärzte mit Reptilienkrankheiten unerfahren sind, möchte ich an dieser Stelle die Gelegenheit nutzen, einige Tipps zur Vermeidung und Behandlung von Krankheiten zu geben. Grundsätzlich sollte bei allen Erkrankungen ein mit Reptilien erfahrener Veterinär aufgesucht werden. Solche Spezialisten sind über die DGHT zu erfragen bzw. über deren Homepa-

> **DER PRAXISTIPP**
> Nach Erwerb eines neuen Tieres ist eine Quarantänezeit von acht Wochen in einem „sterilen" Terrarium sehr wichtig, insbesondere auch, um seinen alt eingesessenen Tierbestand zu schützen. Eine Desinfektion des Terrariums sollte nur mit Peroxiden oder alkoholischen Präparaten erfolgen, um eine Vergiftung der Tiere zu verhindern. Futternäpfe und Tropftränken sollten niemals mit scharfen Reinigungsmitteln zur Kalkbeseitigung behandelt werden. Außerdem sind Vergiftungen, wie oben erwähnt, auch durch eine Überdosierung von Vitaminen möglich.

Krankheiten und Therapiemöglichkeiten

ge auf einer Liste zu finden. Natürlich sollte es für jeden Terrarianer erste Priorität sein, durch richtige Haltung und Ernährung eine Erkrankung seiner Pfleglinge zu vermeiden. Denn leider ist ein erst einmal fortgeschritten erkranktes Tier so gut wie verloren. Durch regelmäßige Verhaltensbeobachtungen kann man jedoch bereits das Anfangsstadium einer Erkrankung erkennen. Und dann lassen sich diverse Krankheiten sehr wohl therapieren bzw. ihr Fortschreiten lässt sich verhindern.

Zu trockene Haltung fördert Häutungsschwierigkeiten. Foto: C. Schneider

Krankheiten und Therapiemöglichkeiten

Bei artgerechter Pflege sind Jemenchamäleons nicht sehr krankheitsanfällig.
Foto: S. Krampe

Krankheiten und Therapiemöglichkeiten

Krankheiten und Therapiemöglichkeiten

Infektionen und Parasiten

Unter Terrarienbedingungen wird das physiologische Gleichgewicht zwischen Wirt (Chamäleon) und Parasit durch Schwächung des Wirts aufgrund der gravierenden Änderung der Umweltbedingungen nach der Naturentnahme und des damit verbundenen Stresses gestört. Es kommt, anders als in der Natur, zu einem „Übergewicht" der Parasiten und in der Folge zu Gesundheitsstörungen beim Wirt. Besonders Jungtiere sind aus Gründen der Besatzdichte, der häufigen Kotabsonderung und Nahrungsaufnahme für Infektionskrankheiten besonders anfällig. Da das Immunsystem häufig mit einer Infektionserkrankung nicht fertig wird, kann sie bei bis zu 50 % der Individuen zum Tod führen.

Wenn die erworbenen Tiere nicht direkt vom Züchter stammen oder es sich um Wildfänge handelt, sollte man sie nach Außenparasiten (Ektoparasiten, also Milben und Zecken) absuchen und diese ggf. mit einer Pinzette entfernen. Milben müssen ggf. nach tierärztlicher Rücksprache mit entsprechenden Präparaten bekämpft werden. Unter der Haut

Bei Verdacht auf Krankheiten sollte man schnellstmöglich einen spezialisierten Tierarzt konsultieren. Foto: C. Schneider

Krankheiten und Therapiemöglichkeiten

gelegene Parasiten (Bandwurmlarven, Spulwürmer) lassen sich nur chirurgisch vom Tierarzt entfernen. Außerdem ist es sinnvoll, Kotproben zur Untersuchung auf innere Parasiten (Endoparasiten), Bakterien, Würmer und Einzeller (Amöben, Kokzidien u. a.) bei einem darauf spezialisierten Institut einzuschicken (s. „Weitere Informationen"). Dort kann die mögliche Infektionskrankheit bestimmt werden, und man erhält anschießend Behandlungsvorschläge. Nur eine Wurmkur mit „Panacur" (ca. 25–100 mg/kg Körpergewicht) gegen Nematoden und „Molevac" (1 ml/kg Körpergewicht) gegen Oxyuren kann nach Rücksprache mit dem Tierarzt selbstständig erfolgen, da geringfügige Überdosierungen keine Schäden beim Chamäleon anrichten können. Antibiotika und andere Medikamente führen schon bei geringer Überdosierung zu Organschäden und zum Tod des Tieres und dürfen nur unter tierärztlicher Anleitung verabreicht werden!

Weit aus den Augenhöhlen tretende Augäpfel sind häufig der Hinweis auf eine Bindehautentzündung oder das Endstadium eines Mikrobenbefall mit *Pseudomonas*-Bakterien. Während sich

> **DER PRAXISTIPP**
> Ein negativer (d. h. „nichts gefunden") bzw. ein therapierter positiver Befund sollte durch eine zweite Kotprobe nach drei Wochen bestätigt werden.

eine Bindehautentzündung meist spontan oder durch Antibiotikagabe zurückbildet, ist das Endstadium des *Pseudomonas*-Befalls nicht mehr zu kurieren. Die Tiere sind zu diesem Zeitpunkt bereits erheblich immungeschwächt und versterben trotz Antibiotikatherapie.

Eine relativ seltene Erkrankung stellt die Lungenentzündung dar. Zu kalte und nasse Haltung gepaart mit stickiger Luft und Immunschwäche kann zu einem Befall der Atmungsorgane mit Krankheitserregern führen. Diese äußert sich in tiefer und schneller Atmung bei geöffnetem und schleimigem Maul.

Virusinfektionen sind beim lebenden Jemenchamäleon schwierig zu diagnostizieren und zu therapieren.

Zur Klärung der Todesursache sollte in fragwürdigen Fällen eine Sektion in Auftrag gegeben werden. Entsprechende Instituts-

Krankheiten und Therapiemöglichkeiten

adressen befinden sich im Kapitel „Weitere Informationen".

Häutungsprobleme

Von Häutungsproblemen kann man ausgehen, wenn sich am Körper eine Woche nach Beginn der Häutung noch Hautfetzen befinden. Das spricht für einen Vitamin-A-Mangel oder zu trockene und/oder zu kalte Haltungsbedingungen. Sollte sich dieses Problem nach Änderung der Luftfeuchtigkeit nicht von selbst lösen, helfen ein warmes Bad des betroffenen Tieres in Kamillewasser oder das Auftragen von Bepanthensalbe mit anschließender Entfernung der Hautreste von Hand. Die nicht entfernten Oberhautreste könnten von Pilzen befallen werden oder bei Jungtieren

Anormales Verhalten gibt Hinweise auf Erkrankungen. Foto: C. Schneider

ringförmig die Extremitäten so abschnüren, dass diese schließlich absterben, sie müssen also auf jeden Fall entfernt werden. Die Ursache für die Probleme muss gefunden und abgestellt werden.

Hauterkrankungen

Hautverletzungen oder Geschwüre, insbesondere am Maul, sollten sofort mit einem Gemisch aus 5 % Gentianaviolett und 70 % Alkohol oder 3 % Wasserstoffperoxid bzw. 1 % Hypermangan- oder Betaisodona-Lösung desinfiziert werden. Das Auftragen kann mit Hilfe eines Wattestäbchens erfolgen. Bereits entzündete Wunden müssen zusätzlich nach Absprache mit dem Tierarzt mit Antibiotika-Salbe oder -Pulver (z. B. „Nebacetin" über 14 Tage), oraler („Baytril" 5 mg/100 g Körpergewicht für fünf Tage) bzw. intramuskulärer Antibiotikagabe (z. B. „Chloramphenicol", „Streptomycin") und chirurgischer Entfernung des Eiterherdes behandelt werden.

Die Maulfäule (fortgeschrittene Entzündungen am Maul durch *Pseudomonas*-Bakterien) schreitet rasant voran und führt schnell zum Tod der Chamäleons. Hautverpilzungen (z. B. *Fusarium*) können nach Verletzungen sowie bei zu nasser und kalter Haltung entstehen. Die befallenen Hautareale sind in der Regel schwarz und die Häutung gestört. Sie sollten mit Hypermangan-Lösung oder Antimykotika nach tierärztlicher Anweisung behandelt werden, da bei Fortschreiten der Infektion erhebliche Hautschäden die Folge sein können, außerdem besteht die Gefahr, dass der Darm und andere Organe befallen werden. Erhöhte Vitamingaben unterstützen die Heilung noch zusätzlich. Natürlich sind in allen Fällen die Ursachen zu finden und abzustellen.

Schmerzen aufgrund von Verbrennungen am Helm oder Rückenkamm lassen sich mit kühlender „Flammazine"-Salbe lindern. Um eine Infektion verbrannter Stellen zu vermeiden oder diese zu behandeln, sollten im Wechsel dazu ebenfalls Antibiotika-Salbe/Puder oder „Peru-Balsam" Anwendung finden.

Abszesse (Eiterbeulen) müssen chirurgisch vom Tierarzt eröffnet werden.

Rachitis

Das weitaus größte Problem, insbesondere bei Jungtieren, stellt die Ausbildung von Mangelerscheinungen wie Rachitis, Osteomalazie und Zungenlähmung dar. Trotz neu entwickelter Präparate wie „Aminorep" kann es im Verlauf des Chamäleonlebens, insbesondere in den ersten vier Monaten oder in der Trächtigkeitsperiode, plötzlich zu diesem Problem kommen. Hierbei sind bei Jungtieren zuerst die Extremitäten und Gelenke betroffen. Wie auch beim Helm, Kiefer, der Wirbelsäule und dem Schwanz kommt es zu meist irreversiblen Deformierungen durch Knochenerweichung oder Knochenbrüche, die die Tiere erheblich in ihrer Bewegung behindern, aber auch langfristig nicht immer zum Tod führen müssen. Sie gehen dann auf ihren Kniegelenken. Am Brustkorb wird der so genannte Rosenkranz (ringförmige Rippenbukkelbildung) sichtbar.

Vorbeugen kann man dieser Erkrankung mit abwechslungsreicher Ernährung, UV-B-Strahlung und gut dosierter Zugabe von Ergänzungspräparaten. Diese sollten nicht nur Kalk und Vitamine, sondern auch andere Mineralstoffe und Aminosäuren enthalten. Außerdem ist auf eine ausreichende Flüssigkeitszufuhr zu achten.

Therapeutisch sollte man bereits bei ersten Anzeichen wie Appetitlosigkeit, Zungenschwäche und Aktivitätsverlust eingreifen, weil die Erfolgsaussichten mit Fortschreiten der Erkrankung deutlich schwinden und einige Symptome wie Beinverkrümmungen und Zungenschwäche irreversibel sind. Bewährt hat sich bei mir eine intensive UV-B-Bestrahlung (z. B. 30 Minuten täglich mit „Ultra Vitalux" von Osram, ca. 50 cm Abstand) sowie eine Appetitsteigerung mit Appetitanregern (Darmbakterien) aus dem Handel (z. B. „Bird Bene Bac", 2–3 x täglich erbsengroße Portionen in das Maul geben), die die natürliche Darmflora wieder herstellen sollen.

Sollten die Tiere schon die Nahrung verweigern, beginne ich eine tägliche Zwangsfütterung mit einem Brei aus zerkleinerten Grillen, Banane und „Aminorep" in einer harten, gekrümmten und großvolumigen Pipette. Außerdem gebe ich jeweils ca. 5 ml Wasser dazu. Auch hierbei hilft, wenn man die Chamäleons an die Futter- bzw. Wassergabe von der Pinzette bzw. aus der Pipette gewöhnt hat. Wenn die Tiere ihr Maul nicht freiwillig oder beim Drohen öffnen, gelingt das Maulöffnen zwangs-

Krankheiten und Therapiemöglichkeiten

weise mit einer weichen Plastik-Pipette, ohne die Zähne oder das Maul zu verletzen. Dieses Vorgehen praktiziere ich, wie oben beschrieben, auch bei geschwächten Weibchen nach der Eiablage. Nach einer längeren Nahrungskarenz (= lange Zeit nichts gefressen) dürfen nicht gleich zu große Mengen verabreicht werden, da der Magen sich erst wieder an die Nahrung gewöhnen muss und die Tiere den Brei sonst erbrechen. Außerdem sollte man vor jeder Zwangsfütterung testen, ob sich das Tier erholt hat und bereits wieder selbstständig Futterinsekten schießt. Mit diesem Vorgehen gelang es mir häufig, bereits verloren geglaubte Tiere noch zu retten. Wobei Tiere mit fortgeschrittener Apathie (krankhafte Schläfrigkeit) meist verloren sind. Sie zeigen zunächst über Wochen graue Farbtöne und wenige Tage vor dem Tod überraschend auffallend bunte Farben. Stress kann gelegentlich eine Nahrungsverweigerung auslösen und mit sehr dunklen Farben einhergehen.

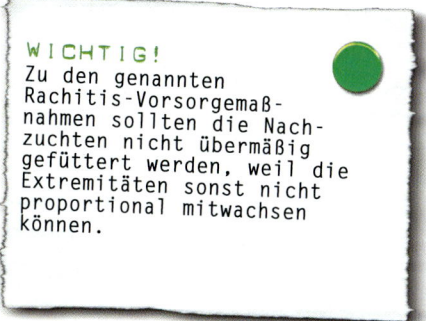

WICHTIG!
Zu den genannten Rachitis-Vorsorgemaßnahmen sollten die Nachzuchten nicht übermäßig gefüttert werden, weil die Extremitäten sonst nicht proportional mitwachsen können.

Legenot

Bei trächtigen Weibchen tritt bei falschen Haltungsbedingungen, ungeeignetem Ablagesubstrat, Stress, Nährstoffmangel oder mechanischer Eileiterverengung häufig Legenot auf. Hierbei ist das hochträchtige Tier nicht in der Lage, alle Eier ohne Hilfe abzulegen, und stellt seine Grabaktivitäten ein, obwohl der Ablagetermin längst überschritten ist. Insbesondere zu junge Weibchen neigen zu dieser lebensbedrohlichen Störung. Beginnen die Eier im Leib zu faulen, sterben die Tiere an Organversagen oder einer eitrigen Infektion. Sollte trotz optimierter Eiablagebedingungen eine Legenot vermutet werden, sollte sofort der Tierarzt aufgesucht werden. Er kann gelegentlich durch sanftes Herausmassieren der Eier in Richtung Kloake den Ablagevorgang einleiten. Gelingt dies nicht, kann er die Eiablage durch hochdosierte Kalzium-/Vitamin-D-Gaben, Vitamin-Injektionen oder Hormon-/Kalziumgaben auslösen. Sollte auch eine erneute Gabe am

Krankheiten und Therapiemöglichkeiten

Folgetag nicht den gewünschten Erfolg bringen, müssen die Eier chirurgisch entfernt werden, um das Leben des Muttertieres zu retten. Kommt es durch o. g. medizinische Maßnahmen zur Eiablage, sollte per Röntgenkontrolle geklärt werden, ob weitere Eier im Leib verblieben sind.

Eierproduktionsstörung

Eine weitere von mir beobachtete Reproduktionsstörung stellt sich besonders bei alten trächtigen Weibchen ein: Des Öfteren konnte ich beobachten, dass diese nach sicher nur einmalig erfolgter Paarung über Monate immer wieder unbefruchtete Gelege oder einzelne Eier absetzten. Hierdurch sind die Tiere schließlich so geschwächt, dass sie versterben. Da es keine Therapie zu geben scheint, rate ich, alte Weibchen (ab ca. 3,5 Jahren) nicht mehr zu verpaaren.

Darmerkrankungen mit Durchfall

Übler Geruch aus dem verschleimten Maul sowie amorpher Kot (dünnflüssig, schleimig, ungeformt) deuten auf eine Störung des Verdauungstraktes hin. Durchfall oder blutige Darmentzündungen können verschiedene Ursachen haben. Zur Diagnostik sollte die o. g. Kotuntersuchung erfolgen, da meist Erreger für Durchfallerkrankungen verantwortlich sind. Bis zum Vorliegen des Ergebnisses sollte keine unspezifische Medikamententherapie erfolgen, da sie im Zweifelsfall eher schadet (Tod des Tieres durch Vergiftung, Entwicklung von Antibiotikaresistenzen). Die Dehydration muss sofort mit einer Elektrolytlösung behandelt werden, da die Tiere sonst apathisch werden und versterben. Neben Wasser sollte mehrmals täglich eine 0,9%-ige Kochsalz- oder Ringerlösung (aus der Apotheke; insgesamt ca. 3 ml/100g Körpergewicht pro Tag) mit der Pipette verabreicht werden. Bei oraler Aufnahmeverweigerung können die Elektrolyte auch vom Tierarzt als Injektion über die Haut zugeführt werden. Eine Dehydration kann bei frisch importierten Chamäleons vorliegen, die aufgrund eines langen Transportes kein Wasser zu sich nehmen konnten und sollten entsprechend versorgt werden. Diese Tiere zeigen eingefallene Augen und übermäßig faltige Haut. Ein zu trockenes Klima entzieht dem Chamäleonkörper über die Haut und die Atmung ebenso Flüssigkeit, sodass eine Dehydration und die entsprechenden Folgen drohen.

Verstopfung

Eine Verstopfung durch einseitige Ernährung ohne ausreichend Ballaststoffe kann durch den erhöhten Pressdruck beim Kotabsetzen zu einem Darm- oder Kloakenvorfall führen. Der vorgefallene Darm muss dann entweder zurückgedrückt und angenäht oder sogar amputiert werden. Dieses lässt sich verhindern, indem auf abwechslungsreiche Ernährung (Gabe von eiweißarmen Insekten wie Heuschrecken, nicht zu oft Mäusebabys anbieten, Gabe von Obst) und ausreichend Flüssigkeitszufuhr geachtet wird.

Gicht

Eine Dehydration und/oder zu proteinreiche Ernährung können zur Nieren-, Eingeweide- und Gelenkgicht führen. Hierbei wird das Eiweißabbauprodukt Harnsäure im Gewebe angereichert, was zu Nieren- bzw. Organversagen und schließlich zum Tod der Tiere führen kann. Sind die Gelenke betroffen, kommt es zur Gelenkdeformierung bis zur Gehunfähigkeit. Entlang der Wirbelsäule wird eine raupenartige Längsanschwellung sichtbar. Durch hoch dosierte Vitamin-A-Gaben und reichlich Flüssigkeitszufuhr kann die Gichterkrankung am Fortschreiten gehindert werden. Eine Heilung ist praktisch nicht möglich. Es ist somit vorbeugend auf ausreichende Flüssigkeitszufuhr und gesunde Ernährung zu achten.

Leberverfettung

In diesem Zusammenhang ist darauf hinzuweisen, dass adulte Chamäleons ebenso nicht übermäßig gefüttert werden dürfen. Das Jemenchamäleon neigt nämlich dazu – im Lebensraum, um schlechteren Zeiten vorzubeugen –, große Mengen an Futter aufzunehmen. Das führt zur Leberverfettung und damit zur Blutverdickung. Der Bewegungsmangel im Terrarium verstärkt die Verfettung noch, und es kann zu einer Trägheit des Tieres sowie bei steigender Herzfrequenz zu Kreislaufversagen kommen. Da auch hier keine spezifische Therapie bekannt ist, helfen wieder nur Vorbeugung durch regelmäßige Futtergabe von kleinen Mengen sowie gelegentliche Fastenzeiten. Auch die zu häufige Gabe von nestjungen Mäusen, Wachsmaden und Mehlwürmern verursacht eine Leberverfettung.

Danksagung

BEDANKEN möchte ich mich bei meiner Frau Imke für die kritische Durchsicht des Manuskripts und besonders für ihre Geduld, sodass ich ausreichend Zeit für mein Hobby aufbringen kann.

Außerdem gilt mein Dank Herrn Rainer Nagel für die zuverlässige Abnahme meiner Nachzuchten zu jedem Zeitpunkt und in beliebiger Menge sowie für die selbst angefertigten Fotos aus dem Jemen.

Schon bei diesem Jungtier sieht man sehr schon die Anpassungsfähigkeit an die Umgebung. Fotos: B. Trapp

Dank

Des Weiteren möchte ich mich bei den vielen Jemenchamäleon-Haltern aus der Umgebung bedanken, die mir bereitwillig ihre Männchen zur Paarung zur Verfügung stellen. Somit bleibt gewährleistet, dass immer gesunde und genetisch nicht verwandte Tiere verpaart werden. Dank auch meinen Nachbarn, die in meiner Abwesenheit die Tiere gewissenhaft versorgen, und Herrn Dr. Oliver Wieczorek für das Beschaffen sowie den Transport zweier Zuchtweibchen aus Berlin.

Weitere Informationen

ZUR Vertiefung der in diesem Buch gegebenen Informationen und zum tieferen Einblick in terraristische und herpetologische Themenbereiche empfehlen sich die Mitgliedschaft in einem Verein gleich gesinnter Terrarianer sowie ein intensives Literaturstudium. Die folgenden Auflistungen sollen dabei behilflich sein, einen Einstieg in die Thematik zu finden, können aber natürlich nur einen kleinen Ausschnitt der vorhandenen Organisationen und Informationensquellen aufzeigen.

Vereine und Interessengruppen

Die Deutsche Gesellschaft für Herpetologie und Terrarienkunde (DGHT e. V.; www.dght.de) ist die weltweit größte Gesellschaft ihrer Art und bringt Wissenschaftler, Hobbyherpetologen und Terrarianer zusammen. Innerhalb der DGHT existiert die AG Chamäleons+, die sich auch mit Jemenchamäleons beschäftigt und jährliche Fachtagungen veranstaltet.

Zeitschriften

- REPTILIA
Terraristik-Fachmagazin
Natur und Tier - Verlag GmbH
An der Kleimannbrücke 39/41
48157 Münster
Tel.: 0251-133390
E-Mail: verlag@ms-verlag.de

- elaphe
(nur für Mitglieder der DGHT)

Artenschutzfragen

Bundesamt für Naturschutz
Konstantinstr. 110
53179 Bonn
Telefon: 0228 / 8491-0
Telefax: 0228 / 8491-9999
Home: www.bfn.de
E-Mail: info@bfn.de

Weitere Informationen

Untersuchungsstellen

Kotproben, Sektionen und andere Untersuchungen können von spezialisierten Tierärzten oder von veterinärmedizinischen Untersuchungsstellen vorgenommen werden, die es in vielen Städten gibt.

Eine Liste mit Tierärzten, die sich mit Reptilien und Amphibien beschäftigen, kann über die DGHT bezogen oder auf www.dght.de eingesehen werden.

Überregional bekannt sind z. B. folgende Einrichtungen:

- exomed (www.exomed.de)
- LABOKLIN (www.laboklin.de)
- Landesbetrieb Hessisches Landeslabor (www.lhl.hessen.de)

Weiterführende und verwendete Literatur

Bücher

Bartlett, R.D. & P.P. Bartlett (1995): Chameleons. – Barrons Educationl Series, Inc., New York

Bundesministerium für Ernährung, Landwirtschaft und Forsten (Hrsg.) (1997): Gutachten über die Mindestanforderungen an die Haltung von Reptilien. – Bonn (auch über DGHT zu beziehen)

Dost, U. (2001): Chamäleons. – Verlag Eugen Ulmer, Stuttgart

Henkel, F.W. & S. Heinecke (1993): Chamäleons im Terrarium. – Landbuch-Verlag, Hannover

Isenbügel, E. & W. Frank (1985): Heimtierkrankheiten. – Ulmer Verlag, Stuttgart

Kieselbach, D., R. Müller & U. Walbröl (2001): Ihr Hobby Chamäleons. – bede-Verlag, Ruhmannsfelden

Köhler, G. (1996): Krankheiten der Reptilien und Amphibien. – Ulmer Verlag, Stuttgart

Le Berre, F. (1995): The new Chameleon Handbook. – Barrons Educational Series, New York

Necas, P. (1999): Chamäleons, bunte Juwelen der Natur. – Edition Chimaira, Frankfurt / M.

Schmidt, W. (1999): *Chamaeleo calyptratus*, das Jemenchamäleon. – Natur und Tier - Verlag, Münster

Schmidt, W., K. Tamm & E. Wallikewitz (1996): Chamäleons, Drachen unserer Zeit. – Natur und Tier - Verlag, Münster

Artikel

Dost, U. (2000): Das Jemenchamäleon, *Chamaeleo calyptratus*. – DRACO 1(1): 52–56.

Hurley, T. (2004): Maui chameleons multiplying. – Honolulu Advertiser, Honolulu, 26.4.2004

Klaver, C. & W. Böhme (1986): Phylogeny and classification of the Chamaeleonidae (Sauria), with special reference to hemipenis morphology. – Bonn. Zool. Monogr. 22: 1–64.

Krysko, K.L., K.M. Enge & F.W. King (2004): The veiled chameleon, *Chamaeleo calyptratus*: a new exotic species in Florida. – Florida Scientist 67(4): 249–253.

Love, B.: Neubürger. – REPTILIA 8(1): 20–21.

Masuoka, B. (2002): Illegal chameleons may lurk on Maui. – Honolulu Advertiser, 2.4.2002

Modry, D., P. Necas & B. Koudela (2000): Kokzidieninfektionen bei *Chamaeleo calyptratus* – ein Problem der „problemlosen Art" im Terrarium ? – DRACO 1(1): 57–60.

Peters, W.C.H. (1870): Nachtrag. *Chamaeleo calcaratus* n. sp. – Monatsber. K. Preuss. Akad. Wiss., Berlin 1869: 445–446.

Schmidt, W. (1996): Das Jemenchamäleon. – REPTILIA 1(2): 61–64.

Bücher für Ihr Hobby

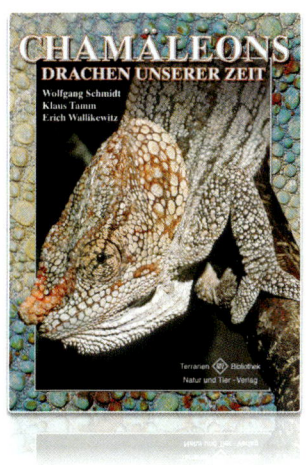

CHAMÄLEONS - Drachen unserer Zeit
W. Schmidt, K. Tamm, E. Wallikewitz

336 Seiten, 412 Farbfotos
Format: 16,8 x 21,8 cm, Softcover
ISBN 978-3-86659-133-2

39,80 €

Chamäleons sind spektakuläre und begehrte Terrarientiere.
In dieser Neuauflage stellen die Autoren die faszinierenden Echsen mit der Schleuderzunge ausführlich vor und vermitteln auf dem neuesten Stand anschaulich alles Wissenswerte rund um die erfolgreiche Haltung und Nachzucht der wundervollen Tiere. Der komplett aktualisierte Artenteil porträtiert ausführlich die Haltungsansprüche der 125 terraristisch interessanten Arten.

Furcifer pardalis
Das Pantherchamäleon

R. Müller, N. Lutzmann, U. Walbröl

128 Seiten, 123 Fotos, 1 Karte
Format: 16,8 x 21,8 cm
Softcover
26,80 €

ISBN 978-3-931587-92-5

Chamaeleo calyptratus
Das Jemenchamäleon

W. Schmidt

95 Seiten, 98 Farbfotos
Format: 16,8 x 21,8 cm
Softcover
19,80 €

ISBN 978-3-86659-087-8

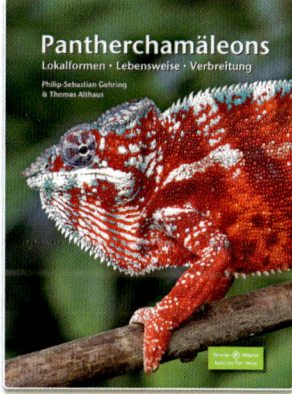

Pantherchamäleons
Lokalformen • Lebensweise • Verbreitung

P.-S. Gehring & T. Althaus

152 Seiten, 231 Farbfotos,
Format: 16,8 x 21,8 cm
Softcover
29,80 €

ISBN 978-3-86659-307-7

Natur und Tier - Verlag GmbH
An der Kleimannbrücke 39/41 · 48157 Münster
Telefon: 0251 - 13339-0 · Fax: 0251 - 13339-33
E-Mail: verlag@ms-verlag.de

www.ms-verlag.de

REPTILIA – die Fachzeitschrift für Terrarianer

In der **REPTILIA** finden Sie:

- ausführliches Titelthema mit prächtig bebilderter Fotostory und ergänzenden Artikeln zum Thema
- Beiträge rund um die Terraristik: Schlangen, Echsen, Schildkröten, Frösche, Molche, Vogelspinnen, Insekten usw., Haltung & Nachzucht, Reise, Artenschutz, Kultur
- Meldungen rund ums Hobby, von Gesetzesänderungen bis zu Neuigkeiten am Markt
- Buchbesprechungen
- aktuelle Zusammenfassungen und Erläuterungen zu wissenschaftlichen Veröffentlichungen; ausführliche Porträts von Gattungen und Arten

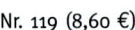

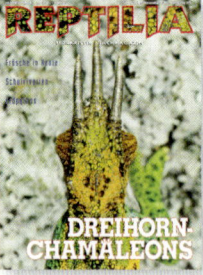

Preise (Deutschland):

Einzelheft (ab Nr. 157)
REPTILIA **11,80 €**

Jahres-Abonnement
6 x REPTILIA **58,80 €**

Geschenk-Abonnement
6 x REPTILIA **58,80 €**

Natur und Tier - Verlag GmbH
An der Kleimannbrücke 39/41 · 48157 Münster
Telefon: 0251 - 13339-0 · Fax: 0251 - 13339-33
E-Mail: verlag@ms-verlag.de

www.reptilia.de